湖南有个左宗棠

湛鹤霞 阮梅 编

中国画报出版社· 北京

图书在版编目（CIP）数据

湖南有个左宗棠 / 湛鹤霞，阮梅编 . -- 北京：中国画报出版社，2024.7
ISBN 978-7-5146-2410-6

Ⅰ . ①湖… Ⅱ . ①湛… ②阮… Ⅲ . ①左宗棠（1812–1885）– 生平事迹 Ⅳ . ① K827=52

中国国家版本馆 CIP 数据核字 (2024) 第 073406 号

湖南有个左宗棠
湛鹤霞　阮梅　编

出 版 人：方允仲
责任编辑：郭翠青
助理编辑：王子木
责任印制：焦　洋

出版发行：中国画报出版社
地　　址：中国北京市海淀区车公庄西路 33 号　邮编：100048
发 行 部：010–88417418　010–68414683（传真）
总编室兼传真：010–88417359　版权部：010–88417359

开　　本：32 开（889mm × 1194mm）
印　　张：3.5
字　　数：100 千字
版　　次：2024 年 7 月第 1 版　2024 年 7 月第 1 次印刷
印　　刷：三河市中晟雅豪印务有限公司
书　　号：ISBN 978-7-5146-2410-6
定　　价：58.00 元

【第一章】

少年左宗棠

清朝嘉庆年间，湖南省湘阴县左家塅，出了一位神童，不管多难的对联，一听上联，随口就能对出下联。街上的老板们和他对对联，都输得心服口服，连秀才都甘拜下风。这个人就是我国鼎鼎有名的“联圣”——左宗棠。

左宗棠可了不得！他到了老年还带兵打仗，抬着棺材出征，收复了被外国人占领的新疆。

1. 公元1812年11月10日（清嘉庆十七年十月初七）凌晨，在湖南省湘阴县左家塅的上空，一道红光从天而降，紧接着，一户姓左的人家传出了婴儿响亮的啼哭声——左宗棠诞生了！

2. 左宗棠的祖父左人锦，父亲左观澜，都是教书先生。父亲每天要外出上门教学，没有时间教左宗棠读书；左宗棠就在祖父的教导下，熟读诗书，渐渐在家乡有了大名气。

3. 左宗棠三岁就会对对联。有一天，祖父带他到山里玩耍，看到小鸟飞来飞去，便出一上联给他对："林中小鸟；"左宗棠抬头一看，脱口而出："天上朝霞。"

4. 左宗棠四岁的时候，有一天，父亲要考考他们兄弟，指着院子里晒衣服的老树出上联：“千年老树为衣架，”两个哥哥都想不出来下联，左宗棠脱口而出：“万里长江作浴盆。”

5. 左宗棠对对联的名气传到了街道上，一位屠夫说："我一定要出副对联，把这个神童难倒。"

6. 一天，左宗棠随祖父上街买肉，屠夫说：“我出一联给你对，如果对不出，今日肉钱付双倍；如果对得好，今日肉钱我不要。”

7. 左宗棠赶紧施礼："请师傅快快出题！"屠夫指着架子上的肉，出题："小猪连头一百斤。"左宗棠伸开双臂，对道："大鹏展翅三万里。"屠夫佩服不已，砍了一块很大的肉送给了左宗棠，不要钱。

8. 肉铺旁边有一家香烛纸钱店，店老板看到左宗棠把屠夫的对联对出来了，也凑了上来，说："老夫出一联，你若对不上，这块肉就给老夫；你若对得好，老夫再买一块肉送你。"

9. 左宗棠窃喜。因为他想起了隔壁有位穷苦的阿婆，他想再赢一块肉回去，送给阿婆吃。

10. 香烛店老板出联："杀猪命，养人命，以命养命，延年益寿。"左宗棠对答如流："用银钱，买纸钱，花钱买钱，祭祖思亲。""对得好！"香烛店老板拍手称赞，赶紧买了一大块肉相赠。

11. 这时，旁边有一位自恃清高的秀才不服气了，他对左宗棠高声道："本秀才出一联，你若对不上，这两块肉，都送给我；若对得好，本秀才再买两块肉相赠。"

12. 左宗棠认识这位秀才，知道他是一位纨绔子弟，是那种玩玩鸟、逗逗蟋蟀的不学无术之人；虽然读了几本书，但并不懂得多少礼仪规矩。左宗棠对他施礼道："请出题。"

13. 秀才见左宗棠胖乎乎的，又穿着黑色棉衣，哈哈一笑，出题："乌喙将军，体胖身黑只拱地。""乌喙将军"是猪的别称。

14. 左宗棠不动声色，眼睛望着旁边几只抢食的绿头鸭子，对道："绿头公子，声高嘴硬总烦人。"秀才一听，这是影射自己呀！不由得恼羞成怒，骂道："嘴上无毛，敢来市上骗猪肉？"

15. 左宗棠不慌不忙，对道："腹中是草，莫到人前卖狗皮！"四周看热闹的群众都哈哈大笑起来，秀才满脸羞愧，对左宗棠拱手道："本人不才，甘拜下风！"随即赠肉两块。

16. 左宗棠祖孙俩把四块肉拿回家，自己留一块吃，剩下的三块，都分给了左邻右舍。大家得知这些肉都是小左宗棠对对联赢的，纷纷赞不绝口。真是“一人吃，烂牙床；众人吃，喷喷香”啊！

17. 左宗棠五岁那年，他的父亲到长沙左氏宗祠开学馆，他也随父到长沙读书。十四岁，左宗棠在湘阴参加县试，考得了第一名；第二年到长沙参加府试，考了第二名；准备第三年再参加一轮院试，这时家里却出了事：母亲去世了。

18. 按照当时的封建礼仪制度，母亲去世，左宗棠必须在家守孝三年。左宗棠悲痛之余，在家潜心读书，暂时不想考功名的事。

19. 左宗棠守孝第三年，父亲又病故了，只能继续守孝。父亲去世时，大哥已去世，家里只有几十亩薄田和两百多两银子的债务。那年，二哥做主，把几十亩田全部给了大嫂；二哥外出谋生，左宗棠继续求学。

20. 1832年，左宗棠二十岁，守孝期刚满。一天，一位湘潭客人带来了一个好消息：父亲在世时，与湘潭的好友周衡在结成了儿女亲家。这位湘潭客人是受周夫人之托，前来提亲的。

21. 左宗棠早就知道，周家小姐周诒端知书达理、温柔贤惠，他对这门亲事非常满意。可是，左宗棠父母双亡，家道贫穷，连房子都没有，如何迎娶周家小姐呀？周夫人搭信来：婚事由她老人家操办。

22. 周夫人操办婚事，多么好的事情！可是，在当时，这种男嫁女娶的形式，叫做“入赘”，是被人看不起的。左宗棠觉得很自卑，但周夫人说：“你不要在乎别人的议论！你好好读书，将来考取功名，人家自然就不敢说了！”

23. 左宗棠婚后，在妻子周诒端的鼓励下，报考参加乡试。然而，他在考卷上，不愿严格按照八股文的格式作答，所以只考到了举人第十八名；同去参加考试的哥哥左宗植，考了举人第一名。

24. 周诒端马上为左宗棠兄弟俩准备行装，进京赶考，争取考中进士。可是，1833 年、1835 年、1838 年连续三次进京，左宗棠均落榜了。他灰心了，不愿意再考了。他下了决心：既然考不中，就不考了，安心干实事！

25. 左宗棠参加会试最尴尬的是1835年那次。他考了湖南第十五名，虽然是最后一名，但总算榜上有名考上了。正在他欢喜的时候，传来消息：湖北少录了一名，湖南多录了一名，把湖南的名额调剂给了湖北。左宗棠被刷下来了。

26. 左宗棠搬出了岳母为他们准备的大婚房（桂在堂），在西院租借了几间小屋，从此昼夜耕读。一天，左宗棠对夫人说，他想做一件大事：绘《五彩皇舆图》！就是用彩色颜料，绘制中国地图，要分省分府，尽量画细致。

27. 左宗棠的想法得到了夫人的支持与协助。他利用自己丰富的地理知识，又查阅大量资料，终于把《五彩皇舆图》绘好了。这幅地图九尺宽、九尺高，蕴含着坚定的主权意识与深厚的爱国热情，也为他以后收复新疆提供了很大的帮助。

【第二章】

左宗棠与陶澍

左宗棠二十六岁的时候，有一位六十岁的大官，因为赏识左宗棠，要和他结成儿女亲家。这位大官就是陶澍（shù）。

陶澍是湖南安化人，当时的官职是两江总督。他回乡省亲，看见了左宗棠写的对联，十分惊讶，立即前去左宗棠住处寻访这位青年才俊，从此两人成了忘年之交。左宗棠当时认为陶澍官职太高，自己是一介布衣，结亲家是对陶澍的不敬，多次婉言谢绝，最终拗不过陶澍的坚持，做了陶澍的儿子陶桄的老师和岳父。

1. 左宗棠搬出“桂在堂”，住进小屋，写了一副对联“身无半亩，心忧天下；读破万卷，神交古人”挂在小屋里。他还在小屋前后，开垦荒地，种了许多果蔬。他想做一个安安静静的读书农民。

2. 一天，左宗棠的住处来了一位尊贵的客人，他便是湖南巡抚大人吴荣光。

3. 巡抚大人对左宗棠拱手作揖，说："听闻你学识渊博，本府想请你到醴陵渌江书院担任山长（山长是历代对书院讲学者的称谓，相当于学校校长一职）职务，不知你可否愿意？"左宗棠为难了，他说自己只想潜心做学问，不想抛头露面。

4. 巡抚大人说："此言差矣！渌江书院环境优雅，最适合做学问。再说，书院里多贫困学生，他们需要你这样的山长啊！"左宗棠一听多贫困学生，赶紧答应了。

5. 左宗棠来到了渌江书院，只见学生在摇头晃脑齐声背诵八股文。左宗棠有想法了！他赶紧把书院的老师们都召集起来，提出换书本，把那些没实际用处的八股文书撤掉，增加地理课、农业课、兵法课……

6. 所有老师都暗暗竖起了大拇指。有位老师说："我也早就厌烦这些八股文了，可我从来没有想过要换其他书读！"大家都觉得左宗棠很有胆识，思想很先进，都很佩服他、尊敬他！

7. 换了书本后，书院的学习氛围一下子就变了，大家掌握了更多的知识，学得很开心。在渌江书院，左宗棠培育了许多优秀人才，比如：广东提督张拔萃，甘肃提督余明发，闽浙副将镇威将军林传榜……

8. 一天，醴陵县的知县大人来到了渌江书院。虽然听到了一片琅琅读书声，知县却面带愁容。左宗棠便问知县遇到了何难事。

9. 知县大人说："两江总督陶澍大人到江西阅兵，途经醴陵，本县发愁没有见面礼！听闻山长写得一手好诗联，不知能否赐楹联一副，以表家乡人对陶大人的欢迎与敬畏之心。"左宗棠忙点头答应。

10. 对于陶澍大人，左宗棠非常熟悉。陶大人督办海运，兴修水利，设仓济贫，勇于改革，道光皇帝十分喜爱他。左宗棠知道：陶澍老家门前有个石门潭，潭中有一块方正石头，酷似印章，道光皇帝曾亲笔题词“印心石屋”。

11. 不久后，陶澍大人回醴陵了，来到行馆，抬眼一看，行馆大门两侧，挂着一副楹联："春殿语从容，廿载家山印心石在；大江流日夜，八州子弟翘首公归。"往事历历在目，陶大人的思念之情油然而生，不由得老泪纵横。

12.“奇才！奇才！这副对联是何人所写？快快帮我把此人请来！”陶澍大人问知县。写对联的人简直懂读心术啊！皇帝题的“印心石”一直是陶澍的自豪。知县立马骄傲地回答：“是渌江书院的山长左宗棠所写！”

13. 知县赶紧去渌江书院请左宗棠："陶澍大人对山长的楹联十分赏识，特吩咐本县来请山长去行馆见见面。"知县满以为左宗棠会受宠若惊，没想到，左宗棠说："我不能丢下学生下山。"

14. 知县没能请动左宗棠，十分尴尬，只能回到行馆，向陶澍大人如实禀报。没想到，陶大人恍然大悟，马上站起身道：“他说得对呀！是本督要见他，理应本督上山才是！”

15. 陶澍大人和知县赶到渌江书院，知县先进了门。左宗棠正在批改学生作业，他听到脚步声，头也没抬，说："大人请回吧。我真的不能丢下学生下山去！失礼了！"

16.“山长，失礼之人是本督呀！”门口传来一阵洪亮的声音。左宗棠抬眼一看，哎呀，是陶澍大人来了！左宗棠赶紧搬来椅子，请陶澍上座。

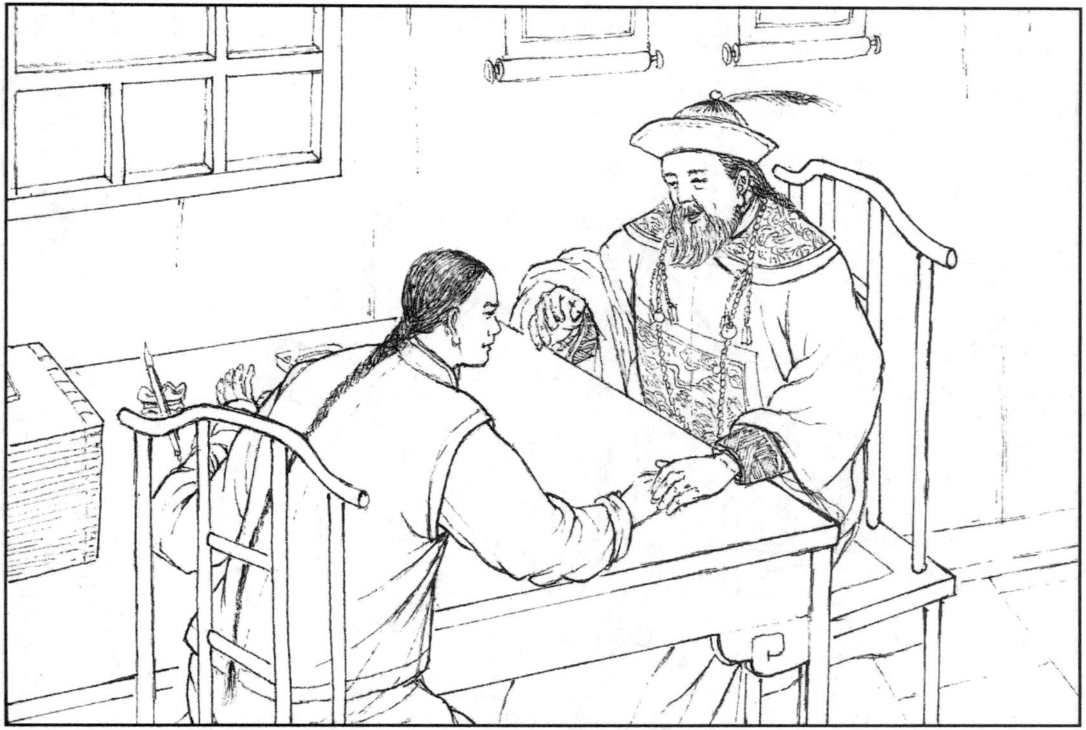

17. 左宗棠和陶澍谈得十分投机。陶澍认为，从那副对联可以看出，左宗棠对他的事迹与政绩都非常了解，评价十分中肯，文字中饱含着敬仰，却毫无刻意迎合之嫌。陶澍断定：左宗棠绝非等闲之辈！

18. 左宗棠在 1833 年进京参加会试的时候，结识了一位知己同学胡林翼，当时两人志同道合，相见恨晚，彻夜谈古论政。陶澍正是胡林翼的岳父。

19. 陶澍十分喜欢左宗棠，随即改变行程，邀请左宗棠第二天一起到醴陵游玩。两江总督邀请与自己地位悬殊的书院山长一起游玩，这是多么不可思议的事情！这事，把知县大人吓着了，也把他感动了。

20. 陶澍得知，左宗棠三次考进士落榜，十分惋惜。他离开醴陵的时候，鼓励左宗棠："你应再去考一次！我相信你会考中！"而后，又说："不管中没中，会试结束，你一定要绕道南京，到我总督府住几天。"

21. 左宗棠听了陶澍的劝告，第二年，报考了会试。可是，非常遗憾，左宗棠又落榜了！左宗棠心情十分沮丧，但他没有忘记陶大人的嘱托，绕道南京，到了总督府。

22. 左宗棠这一次与陶澍见面，两人聊到了各自的孩子。陶澍得知左宗棠的长女左孝瑜四岁，想起自己的独子陶桄正好五岁，便说："我们结成儿女亲家吧。我年事已高，幼子托付给你，我放心！"

23. 这年，左宗棠二十六岁，陶澍六十岁。左宗棠赶紧跪拜道："学生万万不敢高攀大人！"陶澍说："不要这么说，将来你的成就必定在我之上。与你结亲家，是我高攀了。"这么一说，左宗棠不好在拒绝了。

24. 南京一别，又是一年。这天，左宗棠收到昔日恩师贺熙龄来信，得知陶澍大人已经离世了，左宗棠悲痛不已。来信中叙说：陶澍大人临终交代，希望能聘请左宗棠当儿子陶桄的老师。

25. 不久后，陶夫人来到了左宗棠的住处，给左宗棠带来了一包安化黑茶。看到黑茶，左宗棠泪如雨下，一年前在南京总督府，陶澍大人亲手为他沏茶的情景浮现在眼前。

26. 陶夫人问左宗棠，是否愿意去安化陶家任教。左宗棠二话不说，立马安顿好家里，稍作收拾，就去了安化陶府，做了陶桄的老师。左孝瑜长大后，听从了父辈的媒妁之言，嫁给了陶桄。

【第三章】

左宗棠出山

左宗棠一心只想当“湘上农人”，过种地、教书的隐居生活。1852年，太平天国在长沙起事，朝廷危机四伏。湖南省巡抚大人请左宗棠出山，到省里当幕僚，为国效力。当幕僚期间，左宗棠得罪了一位叫樊燮的总兵，被陷害到差点人头落地，多亏了郭嵩焘请人帮忙到皇上面前求情，才保住性命。

左宗棠对官场心灰意冷，又辞官回乡隐居了。可时局紧张，朝廷迫切需要人才，皇上又把左宗棠请出了山。

1. 左宗棠在安化陶府坐馆教书多年了。一天，他回到家中，对夫人周诒端说："这些年，陶夫人给了我不少酬金，我全部存起来了。我想回湘阴买一些田地，盖一栋房屋。"周诒端最理解丈夫，立马同意了。

2. 1843 年，左宗棠回到老家湘阴，在离左家塅三十余里的柳家冲买了水田七十亩、山地八十亩，建了一栋房子，门前栽种柳树，取名“柳庄”。从此，左宗棠以“湘上农人”自居。他不愿意外出了。

3. 左宗棠在柳庄开馆教书、辛勤劳作、发奋读书，根据自己多年累积的种植经验，写了一本书《朴存阁农书》。左宗棠在柳庄一住就是六年。

4. 1850 年 1 月 3 日，一骑雪白快马，疾驰到了柳庄。信使翻身下马，气喘吁吁：“总督大人有信，请先生随我速去长沙！”左宗棠拆信一看，惊喜万分：原来，是虎门销烟的林则徐总督大人有请！

5. 林则徐虎门销烟后，因得罪奸臣，被革职发配新疆。林则徐在新疆期间，并没有颓废，而是带领百姓开荒垦田，兴办水利，加强塞防，得到了新疆人民的爱戴。左宗棠非常敬仰林则徐。

6. 林则徐于 1847 年被重新起用，担任云贵总督；1849 年因病辞官回福建老家，年底启程，1850 年 1 月到达长沙。林则徐虽然没见过左宗棠，但他早已听闻左宗棠的名气，他有事情要托付给左宗棠。

7. 林则徐命令行船停靠湘江码头，派人前去柳庄请左宗棠。左宗棠匆匆赶来，林则徐早已在船头迎接。左宗棠心情太激动，过跳板时，不小心跌落河里，成了一只“落汤鸡”。周围的人都偷笑，想看他出洋相。

8. 左宗棠从水里从容站起身，对林则徐说：“古人拜见尊贵的人，都要熏香三次，洗浴三次；我来得匆忙，刚才正好完成了洗浴，大人看看，三熏是不是可以免了？”大家都哈哈大笑起来，一句智慧的话化解了尴尬。

9. 林则徐与左宗棠聊得非常投机。他们一致认为：新疆是国家不可分割的辽阔土地，那里屯政不修，问题的根在建制不对。林则徐被誉为近代“开眼看世界第一人”。林则徐说，沙俄等列强妄图侵占新疆，塞防重之又重！

10. 林则徐提出一个箱子，交给左宗棠，说："这些你留着，日后治疆有大用处！"箱子里装的，是林则徐在新疆收集整理的地理数据、战守计划、清朝边境的政治军事动态等资料。

11. 左宗棠接过资料，跪拜了林则徐。临别时，林则徐写了一副对联相赠：“苟利国家生死以，岂因祸福避趋之。”这些资料和这副对联，对日后左宗棠收复新疆，起到了很大的作用。只可惜，这一别成了永别。

12. 林则徐回福建后，自知时日不多，请儿子聪彝代为写遗书，向咸丰皇帝一再推荐左宗棠，称其为“绝世奇才”“非凡之才”。10月，六十五岁的林则徐奉旨为钦差大臣，赴广西镇压农民起义。船行至广东潮州普宁行馆时，林则徐病逝了。

13. 1852 年，太平天国在长沙起事。为了逃避战乱，左宗棠与他的好朋友郭嵩焘一起，分别搬到了相隔不远的梓木洞和白水洞。郭嵩焘，湘阴人，湘军创建者之一，中国首位驻外使节，当时已是进士，正在家丁忧。

14. 左宗棠住进白水洞第九天，又有人快马加鞭赶来了！原来，湖南省的巡抚被调走了，新上任的巡抚大人张亮基派人送来了厚礼和亲笔信，真诚邀请左宗棠出山为朝廷分忧效力。

15. 去还是不去？左宗棠犹豫了。去吧，可他只想当个湘上农人；不去吧，空有一身本领，不为朝廷效力，留着有何用？权衡再三，左宗棠毅然前往长沙，当了张亮基的幕僚。

16. 左宗棠利用智谋，帮助张亮基抵抗太平天国，打赢了长沙保卫战。四个月后，张亮基被调往湖北，把左宗棠也带去了湖北。在湖北，左宗棠提议湘军建水师军队，这个提议得到了皇上的许可，张亮基也因此更加器重左宗棠。

17. 不久后，张亮基被调往山东，他想把左宗棠带去山东。这回，左宗棠谢绝了，他放心不下家里。张亮基走后，左宗棠就回到了白水洞，与亲人团聚。

18. 左宗棠在白水洞刚歇下没几天，快马加鞭的信使又来了！这回，是接替张亮基的新任湖南巡抚骆秉章派来的使者，他送来了骆秉章的亲笔信，邀请左宗棠再次出山！为朝廷效力，义不容辞！于是，左宗棠再次出山了。

19. 在骆秉章府上，左宗棠结识了湘军统帅曾国藩，并得到了曾国藩的赏识。曾国藩是朝廷重臣，湖南双峰人，当时母亲去世他正回乡丁忧，恰逢太平天国横扫两湖，皇帝命他出任帮办湖南团练大臣。

20. 左宗棠悉心辅佐、精心筹划，骆秉章对他言听计从，多次在皇帝面前举荐他。到 1859 年，左宗棠已官升至兵部郎中，赏戴花翎。兵部郎中，就是兵部所属各司的主管官职。

21. 一天，有个人怒气冲冲找骆秉章告状："永州镇的总兵樊燮，私役兵丁，贪污挪用军费九百多两白银。"告状者叫黄文琛，是永州知府。

22. 樊燮如此违反朝廷律法，那还了得！骆秉章调查了解了真实情况后，十分生气，他去北京城，向皇帝细细参了樊燮一本。皇帝大怒，下令狠查樊燮。

23. 樊燮被查，日夜难安。有人替他出主意："去找左宗棠帮忙周旋说好话。因为只有左宗棠的话，骆秉章才会听。"

24. 于是樊燮去找左宗棠。左宗棠对樊燮贪赃枉法之事早已知晓，便严词批评起樊燮来。樊燮一听不高兴了，他忘记了自己是来求左宗棠帮忙的，态度傲慢，反唇相讥："你不过是一个屡试不中的小小举人，有什么了不起！"

25. 左宗棠气得把樊燮赶出了门。樊燮对左宗棠怀恨在心，发誓一定要报复左宗棠。

26. 这个樊燮，有点后台，他是湖广总督官文的小舅子，也是因官文一手提拔而担任永州镇总兵的。关键时刻，只有找靠山了。樊燮跑到官文那里，控告左宗棠“权力大于天，是一个劣幕”。

27. 这些年，湘军兴起，汉族当官的人越来越多，满族官员不高兴了，他们听说樊燮在控告左宗棠，便合伙加一把力，一起帮樊燮作伪证。皇上一看，这么多人告左宗棠，肯定是左宗棠犯罪了，便下令“如有不法之事，就地正法”。

28. 消息传来，湖南的文武百官着急了。湘军重要首领胡林翼、巡抚骆秉章一起向朝廷求情，可是，皇上不听。情况危急，怎么办呀？

29. 骆秉章赶紧给郭嵩焘写信。当时，郭嵩焘正担任翰林院编修。郭嵩焘又向军机大臣肃顺求助；肃顺找到皇上的老师潘祖荫，请潘老师出面求情。潘祖荫在奏折中写道："国家不可一日无湖南，湖南不可一日无左宗棠！"

30. 好险呀！左宗棠的人头终于保住了！但这个时候左宗棠对官场绝望了：朝廷满汉势力相争，置国家利益于不顾，得罪一个贪官，差点惹来杀身之祸。算了吧，回乡种地去！他向骆秉章辞行。至此，左宗棠在骆秉章府上任职共六年。

31. 骆秉章怎么舍得放弃这样的人才呢？他苦苦挽留。左宗棠只好说自己要回去安心读书，想参加会试考进士。话说到这份上，骆秉章只好忍痛割爱了。这年，左宗棠又回柳庄了。

32. 左宗棠在老家柳庄，心中闷闷不乐，只好跟昔日好友写信，倾诉心中的烦闷。湖北监利的王柏心，是左宗棠的知己，他在回信中写道：“你应该继续为国出力，等待将来战胜敌人，荣归故里。”

33. 左宗棠的心结，被王柏心的话打开了。他下了决心：白天耕种农田，夜晚研读兵书。他相信，是金子总会发光的！然而，左宗棠不知道，在远方，有一个人正在为他的事操心，这个人就是咸丰皇帝。

34. 一天，咸丰皇帝问郭嵩焘："左宗棠多少岁？才干如何？"郭嵩焘回答："左公年近五十了，他无办不了的事！人品尤其端正，现在已经辞官回家，准备考进士。"

35. “左宗棠何必以进士为荣！”咸丰皇帝随即下了诏书，敕封左宗棠以四品京堂候补，随曾国藩帮办军务。

36. 左宗棠接到诏书，百感交集：人有才干，就应该以身许国！适逢乱世，如果自己再以农夫自居，消极隐退，那就愧对朝廷信任了。1860 年 5 月，左宗棠回到了长沙，听候曾国藩的调遣。

37. 左宗棠接到曾国藩交办的第一个任务就是“在湖南速速募集五千士兵，前来支援安徽”。左宗棠很快照办好了，同时编写了一本《楚军营制》，用于严格管理士兵。

38. 左宗棠的胆识和谋略，得到了朝廷的认可，1862 年 1 月 23 日，左宗棠被正式任命为浙江巡抚。他一上任，看到浙江灾民遍地，百姓生活苦不堪言，就奏请朝廷免除征税，带领百姓养牲口、种桑麻、修书院……

39. 1864 年，左宗棠想起了林则徐的嘱托：“必须造船铸炮，学习敌人技艺，来战胜敌人。”于是他亲自设计，招募能工巧匠，仿造出了一艘轮船。轮船在西湖试航成功后，左宗棠向朝廷递交了建造轮船厂的计划书。

40. 开船厂的计划得到了皇上的支持。左宗棠买了马尾山下的两百亩农田，作为船厂厂址，还派人到欧洲采购机器和配件。同时，左宗棠还开办了“船政学堂”…… 左宗棠雄心勃勃，为船厂忙碌着。

41. 船厂一旦建成，就再也不用买外国的船了，这是多有意义的事情呀！可是，正当左宗棠为船厂的事信心百倍地忙碌着的时候，1866 年 9 月，皇上一纸谕诏，调他去接任陕甘总督。

42. 左宗棠要离开浙江了，造船反对派们高兴了。因为自己国家的大船一旦造成，他们就不能跟外国人做船舶生意了。然而，他们万万没想到，左宗棠坚决不肯放弃造船！

43. 在左宗棠的多次奏请下，再加上新上任的船政大臣是林则徐的女婿沈葆桢，他坚决支持办船厂，终于在1869年6月，一艘由中国制造的蒸汽轮船“万年青号”下水了。中国终于有了自己的轮船！